Maja and the Easter Secret And More Bilingual Swedish-English Easter Stories for Kids

Pomme Bilingual

Published by Pomme Bilingual, 2024.

While every precaution has been taken in the preparation of this book, the publisher assumes no responsibility for errors or omissions, or for damages resulting from the use of the information contained herein.

MAJA AND THE EASTER SECRET AND MORE BILINGUAL SWEDISH-ENGLISH EASTER STORIES FOR KIDS

First edition. December 22, 2024.

Copyright © 2024 Pomme Bilingual.

ISBN: 979-8227493965

Written by Pomme Bilingual.

Table of Contents

Klara och Den Försvunna Påskharen

I den lilla byn Björkeby var påskveckan årets höjdpunkt. På torget stod alltid den stora påskharen – en enorm trästaty dekorerad med färgglada fjädrar och målade ägg. För Klara, en nyfiken tioåring med ögon som såg allt, var påskharen en symbol för glädje och tradition. Men i år skulle påsken bli annorlunda.

Måndagsmorgonen började som vanligt. Klara och hennes bästa vän Oskar gick till torget för att se på förberedelserna inför påskmarknaden. Men när de kom fram, var det något som inte stämde. Påskharen var borta!

"Den stod ju här igår!" utbrast Klara och pekade på det tomma stenfundamentet.

"Det måste vara ett skämt," sa Oskar, men hans röst skvallrade om oro.

Runt omkring dem samlades byborna, och snart hördes upprörda röster. Vem skulle ta påskharen? Och varför?

Efter skolan gick Klara och Oskar tillbaka till torget. Klara, som alltid var uppmärksam, upptäckte något vid kanten av fundamentet. En bit av ett grönt band, likadant som de som brukade pryda statyn.

"Vad tror du om det här?" frågade hon och höll upp bandet.

"Det ser ut som något från påskharen," sa Oskar. "Kanske någon tappade det när de tog statyn?"

De bestämde sig för att börja sin undersökning vid bagarens butik, eftersom bagaren Anders alltid hade utsikt över torget.

"Påskharen är borta, säger ni?" Anders såg upp från degen med rynkade ögonbryn. "Jag såg någon röra sig vid torget sent i går kväll, men jag kunde inte se vem det var."

"Såg du något annat?" frågade Klara ivrigt.

"Jo, det var en bil parkerad där också. En röd gammal Volvo."

Klara och Oskar tackade Anders och gick vidare. En röd Volvo. Vem i byn ägde en sådan bil?

Nästa dag knackade de på hos Greta, den äldre damen som bodde nära torget. Hon hade rykte om sig att veta allt som hände i byn.

"En röd Volvo?" sa Greta och skakade på huvudet. "Det låter som något Bertil skulle köra."

Bertil var byns vaktmästare och känd för att samla på gamla saker. De sprang till hans verkstad, som låg vid skogsbrynet. När de kom dit, hörde de ljudet av hammarslag.

"Vad vill ni?" frågade Bertil när han såg dem.

"Vi letar efter påskharen," sa Klara rakt på sak. "Någon sa att du har en röd Volvo."

Bertil skrattade. "Ja, jag har en röd Volvo, men jag har inte rört påskharen. Jag har varit här hela natten och byggt en ny fågelholk."

Klara och Oskar började tvivla på om de någonsin skulle hitta påskharen. Men när de gick tillbaka till torget såg Klara något konstigt vid blomsterbutiken. Där, bakom en rad med påskliljor, skymtade något färgglatt.

"Oskar, kolla där!" viskade hon.

De smög närmare och upptäckte att det var påskharen, gömd bakom blommorna. Plötsligt dök Karin, blomsterbutikens ägare, upp.

"Åh nej, ni hittade den," sa hon med en suck.

"Varför tog du den?" frågade Klara förvånat.

Karin förklarade att hon ville gömma påskharen för att få folk att besöka hennes butik och köpa påskdekorationer. "Jag ville bara att folk skulle bry sig mer om traditionerna," sa hon skamset.

Klara och Oskar hjälpte Karin att flytta tillbaka påskharen till torget. De förklarade för byborna vad som hade hänt, och alla bestämde sig för att hjälpa Karin med att dekorera torget istället för att vara arga.

På påskaftonen var torget fullt av glada människor, färgglada ägg, och den stora påskharen som åter stod på sin plats. Klara och Oskar kände sig stolta över att ha löst mysteriet och hjälpt byn att hitta tillbaka till gemenskapen.

"Det här var den bästa påsken någonsin," sa Klara och log mot Oskar.

"Det var det verkligen," svarade han.

Klara and the Missing Easter Bunny

In the small village of Birchwood, Easter week was the highlight of the year. In the town square stood the giant Easter Bunny—a huge wooden statue adorned with colorful feathers and painted eggs. For Klara, a curious ten-year-old with sharp eyes, the bunny symbolized joy and tradition. But this year, Easter would be different.

Monday morning started like any other. Klara and her best friend Oskar walked to the square to watch the preparations for the Easter market. But when they arrived, something was off. The Easter Bunny was gone!

"It was right here yesterday!" Klara exclaimed, pointing to the empty stone pedestal.

"This must be a joke," said Oskar, though his voice betrayed his concern.

Villagers began to gather around, their voices growing louder with confusion. Who would take the Easter Bunny? And why?

After school, Klara and Oskar returned to the square. Always observant, Klara spotted something near the edge of the pedestal—a piece of green ribbon, just like the ones that usually adorned the statue.

"What do you think of this?" she asked, holding up the ribbon.

"It looks like something from the Easter Bunny," said Oskar. "Maybe someone dropped it when they took the statue?"

They decided to start their investigation at the bakery, where Anders, the baker, always had a view of the square.

"The Easter Bunny is gone, you say?" Anders looked up from kneading dough, his brow furrowed. "I saw someone moving around the square late last night, but I couldn't see who it was."

"Did you notice anything else?" Klara asked eagerly.

"Well, there was a car parked there too. An old red Volvo."

Klara and Oskar thanked Anders and moved on. A red Volvo. Who in the village owned such a car?

The next day, they knocked on the door of Greta, the elderly woman who lived near the square. She was known for always knowing what was happening in the village.

"A red Volvo?" Greta said, shaking her head. "That sounds like something Bertil would drive."

Bertil, the village handyman, was known for collecting old things. They ran to his workshop on the edge of the forest. When they arrived, they heard the sound of hammering.

"What do you want?" Bertil asked when he saw them.

"We're looking for the Easter Bunny," Klara said directly. "Someone said you have a red Volvo."

Bertil laughed. "Yes, I have a red Volvo, but I didn't touch the Easter Bunny. I've been here all night building a new birdhouse."

Klara and Oskar began to doubt they'd ever find the Easter Bunny. But as they walked back to the square, Klara noticed something strange near the flower shop. Behind a row of daffodils, something colorful was peeking out.

"Oskar, look over there!" she whispered.

They crept closer and discovered it was the Easter Bunny, hidden behind the flowers. Suddenly, Karin, the flower shop owner, appeared.

"Oh no, you found it," she said with a sigh.

"Why did you take it?" Klara asked in surprise.

Karin explained that she had hidden the Easter Bunny to draw people to her shop to buy Easter decorations. "I just wanted people to care more about the traditions," she admitted, looking ashamed.

Klara and Oskar helped Karin move the Easter Bunny back to the square. They explained to the villagers what had happened, and instead of being angry, everyone decided to help Karin decorate the square together.

On Easter Eve, the square was filled with cheerful people, colorful eggs, and the grand Easter Bunny back in its rightful place. Klara and Oskar felt proud for solving the mystery and helping the village come together.

"This was the best Easter ever," Klara said, smiling at Oskar.

"It really was," he replied.

I Skogens Hjärta

Det fanns många historier om skogen utanför Jonas lilla by, men ingen var lika spännande som berättelsen om påskkärringen. Gamla tanter på marknaden brukade viska om henne:

"Hon bor i en stuga av grenar och mossa."

"Hon rider på en kvast och stjäl ägg från hönsgårdar!"

"Hon förvandlar olydiga barn till påskfjädrar!"

Jonas, som var byns största busfrö, fnös åt historierna. "Påskkärringar finns inte," sa han till sin bästa vän Erik. Men innerst inne var han nyfiken. Och när påsklovet började och han ändå inte hade något bättre för sig, bestämde han sig för att ta reda på sanningen.

Tidigt en morgon, medan dimman fortfarande låg som ett täcke över ängarna, smög Jonas in i skogen. Han följde en smal stig som slingrade sig mellan de täta träden. Ju längre in han kom, desto tystare blev det. Till och med fåglarna verkade hålla andan.

Efter vad som kändes som timmar hittade han stugan. Den såg precis ut som i berättelserna – byggd av gamla grenar och täckt med mossa och fjädrar i alla färger. Runt stugan stod små påskkärringdockor av trä och tyg, deras målade ansikten stirrade på honom.

Jonas höll andan och knackade på dörren. Den gnisslade när den långsamt öppnades.

"Vem vågar störa mig?" ekade en raspig röst inifrån.

"Det är bara jag, Jonas," sa han med darrande röst. "Jag ville se om du verkligen finns."

Ur mörkret trädde en krokig figur fram. Hon var liten och rynkig, klädd i en färgglad sjal och ett förkläde fullt av äggskal. Hennes hår var som en fågelbo, och hennes näsa var så lång att den nästan pekade ner mot golvet.

"Jaså, det är du, Jonas," sa hon och log, vilket avslöjade en rad gulnade tänder. "Jag har hört om dig. Du är den som alltid hittar på hyss i byn."

Jonas väntade sig att hon skulle kasta en förbannelse över honom, men istället bjöd hon in honom på fika. Inne i stugan var det varmt och mysigt, och doften av nybakade bullar fyllde luften.

"Så du tror att jag är ond, va?" sa hon medan hon serverade en kopp varm choklad.

"Är du inte det?" frågade Jonas försiktigt.

Påskkärringen skrattade. "De i byn gillar att överdriva. Jag tar några ägg då och då, men bara för att baka. Och jag rider inte på en kvast – det är bara för påskparaderna."

När Jonas insåg att hon inte var så farlig som han hade trott, började han berätta om sina egna hyss i byn. Påskkärringen skrattade gott åt hans historier om att byta ut mjölk mot filmjölk och gömma skorna på skolans rektor.

"Du är en riktig busunge," sa hon med glimten i ögat. "Men varför använder du inte dina talanger för något bättre?"

"Som vadå?" frågade Jonas.

"Som att sätta de där elaka ungarna i byn på plats," sa hon och log ett listigt leende.

Jonas och påskkärringen satte sig ner och började planera. De två värsta mobbarna i byn, Sven och Lasse, hade länge plågat de yngre barnen. Det var dags för dem att få en läxa.

"Vi behöver ägg," sa påskkärringen. "Och färg."

De spenderade hela dagen med att förbereda. Jonas målade ägg med en speciell färg som påskkärringen blandade. "Det här är ingen vanlig färg," förklarade hon. "Den kliar som bara den när den torkar."

De gömde de målade äggen längs stigen som Sven och Lasse brukade ta när de smög in i skogen för att stjäla fågelägg.

Nästa dag gömde sig Jonas och påskkärringen i buskarna och väntade. Mycket riktigt dök Sven och Lasse upp, fnittrande och skrytsamma som vanligt.

"Titta! Påskägg!" ropade Sven och sprang fram till de färgglada äggen.

"De här tar vi med oss!" sa Lasse och stoppade dem i fickorna.

Men när de rörde vid äggen började deras händer klia, och färgen spred sig som en löpeld över deras kläder. De skrek och försökte gnugga bort det, men det blev bara värre. När de sprang tillbaka till byn såg de ut som färgglada prickiga kycklingar.

Jonas och påskkärringen kunde knappt hålla sig för skratt.

Nyheten om Sven och Lasses "förbannelse" spred sig snabbt, och ingen vågade längre bråka med påskkärringen. Hon blev istället byns hjälte, och barnen började lämna små presenter utanför hennes stuga – målade ägg, fjädrar och bullar.

Jonas blev också en lokal legend. Han lovade att inte avslöja påskkärringens hemlighet och besökte henne ofta för att planera nya bus.

"Du vet, Jonas," sa hon en dag. "Du kanske borde bli en riktig påskkäring själv en dag."

Jonas skrattade. "Det kanske jag blir!"

Och med det sprang han hem, redo att fira påsk med nya historier att berätta.

In the Heart of the Forest

There were many stories about the forest outside Jonas's little village, but none were as thrilling as the tale of the Easter Witch. Old ladies at the market used to whisper about her:

"She lives in a hut made of branches and moss."

"She rides a broomstick and steals eggs from chicken coops!"

"She turns naughty children into Easter feathers!"

Jonas, the biggest troublemaker in the village, scoffed at the stories. "Easter witches don't exist," he told his best friend Erik. But deep down, he was curious. And when Easter break began, with nothing better to do, he decided to find out the truth.

Early one morning, while mist still blanketed the meadows, Jonas sneaked into the forest. He followed a narrow path winding through the dense trees. The further he ventured, the quieter it became. Even the birds seemed to hold their breath.

After what felt like hours, he found the hut. It looked exactly as described—built from old branches and covered in moss and feathers of every color. Around the hut stood small wooden and cloth witch dolls, their painted faces staring at him.

Jonas held his breath and knocked on the door. It creaked as it slowly opened.

"Who dares disturb me?" a raspy voice echoed from inside.

"It's just me, Jonas," he said, his voice trembling. "I wanted to see if you're real."

From the shadows emerged a hunched figure. She was small and wrinkled, dressed in a colorful scarf and an apron full of eggshells. Her hair was like a bird's nest, and her nose was so long it almost touched the floor.

"So, it's you, Jonas," she said with a crooked smile, revealing a row of yellowed teeth. "I've heard about you. You're the one always causing trouble in the village."

Jonas braced himself for her to curse him, but instead, she invited him in for a snack. Inside the hut, it was warm and cozy, and the smell of freshly baked buns filled the air.

"So, you think I'm evil, huh?" she said, handing him a mug of hot chocolate.

"Aren't you?" Jonas asked cautiously.

The Easter Witch chuckled. "The villagers love to exaggerate. I take a few eggs now and then, but only for baking. And I don't ride a broomstick—except during Easter parades."

As Jonas realized she wasn't as scary as he'd thought, he began sharing stories of his pranks in the village. The Easter Witch laughed heartily at his tales of swapping milk with buttermilk and hiding the school principal's shoes.

"You're quite the rascal," she said with a glint in her eye. "But why not use your talents for something better?"

"Like what?" Jonas asked.

"Like putting those bullies in the village in their place," she said with a sly grin.

Jonas and the Easter Witch sat down to plan. The village's worst bullies, Sven and Lasse, had been tormenting the younger kids for ages. It was time they learned a lesson.

"We need eggs," said the Easter Witch. "And paint."

They spent the whole day preparing. Jonas painted eggs with a special concoction the Easter Witch mixed. "This isn't ordinary paint," she explained. "It itches like crazy when it dries."

They hid the painted eggs along the path Sven and Lasse always took when sneaking into the forest to steal bird eggs.

The next day, Jonas and the Easter Witch hid in the bushes and waited. Sure enough, Sven and Lasse appeared, giggling and boasting as usual.

"Look! Easter eggs!" Sven shouted, rushing to grab the colorful eggs.

"We're taking these!" said Lasse, stuffing them into his pockets.

But as soon as they touched the eggs, their hands began to itch, and the paint spread rapidly across their clothes. They screamed and tried to rub it off, but it only got worse. By the time they ran back to the village, they looked like colorful, spotted chickens.

Jonas and the Easter Witch could barely contain their laughter.

News of Sven and Lasse's "curse" spread quickly, and no one dared to bother the Easter Witch anymore. She became a village hero, and children began leaving small gifts outside her hut—painted eggs, feathers, and buns.

Jonas became a local legend too. He promised to keep the Easter Witch's secret and often visited her to plan new pranks.

"You know, Jonas," she said one day. "You might just become a real Easter witch yourself someday."

Jonas laughed. "Maybe I will!"

And with that, he ran home, ready to celebrate Easter with new stories to tell.

Linn och Det Stora Påskgodiskriget

Linn bodde i en liten, lugn by. Eller ja, den var lugn fram till påsken. Då förvandlades allt. På hennes gata bodde två rivaliserande familjer: familjen Larsson och familjen Svensson. Varje påsk tävlade de om att ha det största, finaste påskriset och samla in mest påskgodis.

"Vårt påskris ska synas ända till grannbyn!" sa Fru Larsson stolt och hängde upp gigantiska gula fjädrar på deras björkkvistar.

"Bah, våra chokladägg kommer att överglänsa allt ni har!" muttrade Herr Svensson och fyllde sitt påskris med guldglänsande dekorationer.

Linn, som bara ville ha lite lugn och ro, suckade när hon hörde dem gnabbas över staketen. Men hon visste att hon inte kunde göra mycket åt saken – rivaliteten var en tradition nästan lika gammal som påsken själv.

På långfredagen började den stora insamlingen av påskgodis. Alla barn klädde ut sig till påskkärringar med färgglada klänningar, sjalar och målade fräknar. Linn, som var en smart tioåring med glimten i ögat, tog på sig sin bästa påskkärringdräkt och gav sig ut med sin korg.

Hon såg genast hur Larssons och Svenssons barn sprang från dörr till dörr, samlade in godis som om deras liv hängde på det.

"Vi måste vinna i år!" ropade Axel Larsson, medan han och hans syster Amanda nästan välte över en gammal farbror som försökte ge dem choklad.

"Glöm det, vi är snabbare!" skrek Lisa Svensson och knuffade sin lillebror mot nästa hus.

Linn fnissade. Hon tyckte att det var roligt att se dem springa runt som yra höns. Men hon hade ingen aning om att det snart skulle bli ännu galnare.

På påskaftons morgon vaknade Linn av ett förfärligt oväsen. Larssons och Svenssons stod ute på gatan och skrek åt varandra.

"Vem har tagit vårt godis?" vrålade Herr Larsson och höll upp en tom korg.

"Det är ni som har stulit vårt!" skrek Fru Svensson och pekade på sin tomma påskrisdekoration, där det tidigare hade hängt massor av färgglada chokladägg.

Linn tittade ut genom fönstret och såg kaoset. På något sätt hade allt påskgodis på gatan försvunnit under natten. Korgar var tomma, påskrisen var avklädda, och alla var rasande.

"Det är ett mysterium!" tänkte Linn och bestämde sig för att ta reda på vad som hade hänt.

Linn började sin undersökning med att gå runt i grannskapet. Hon märkte något märkligt vid Svenssons staket – små spår av chokladpapper som ledde in i skogen.

"Vad konstigt," mumlade hon. Hon följde spåren och kom fram till en glänta där hon såg något oväntat: en stor hög av godispapper och fjädrar.

Men vem hade tagit godiset? Linn tittade sig omkring och hörde plötsligt ett fnissande bakom en buske. Hon smög närmare och upptäckte två små pojkar – Axel Larsson och Filip Svensson.

"Vad gör ni här?" frågade Linn strängt.

Pojkarna hoppade till. "Eh... vi skulle bara... eh... städa skogen!" sa Axel nervöst.

"Med alla de där godispappren?" Linn höjde ett ögonbryn.

Efter några minuters förhör erkände pojkarna. De hade samarbetat för att stjäla allt godis i ett försök att sabotera för varandra. Men planen hade gått snett när de insåg att de inte kunde dela upp bytet utan att bli osams.

"Ni är hopplösa!" sa Linn och skakade på huvudet. "Hur ska vi lösa det här?"

Pojkarna såg skamsna ut. "Vi kanske kan ge tillbaka godiset?" föreslog Filip.

"För sent. Alla är redan arga," sa Linn.

Då fick hon en idé. "Varför gör vi något roligt av det istället?"

Linn samlade alla barn och vuxna i byn och förklarade sin plan. De skulle ordna en stor påskfest i skogen. Alla skulle dela med sig av det godis som fanns kvar och dekorera gläntan med påskris och fjädrar.

Till en början muttrade Larssons och Svenssons, men när de såg hur mycket barnen hade jobbat för att ställa allt till rätta, gick de med på idén.

På påskdagen var skogen fylld av skratt, färger och doften av nygrillade korvar. Larssons och Svenssons tävlade fortfarande om vem som kunde sätta upp det största påskriset, men den här gången gjorde de det med ett leende.

Och Linn? Hon stod i mitten av festen och log. Det hade kanske varit ett stort påskgodiskrig, men till slut hade det blivit en påsk att minnas.

Linn and the Great Easter Candy War

L inn lived in a small, quiet village. Well, it was quiet until Easter came around. Then, everything changed. On her street, two rival families lived side by side: the Larssons and the Svenssons. Every Easter, they competed fiercely to have the biggest, most beautiful Easter tree and to collect the most Easter candy.

"Our Easter tree will be seen all the way to the next village!" boasted Mrs. Larsson, hanging giant yellow feathers on their birch branches.

"Ha! Our chocolate eggs will outshine anything you have!" muttered Mr. Svensson, covering his Easter tree with glittering gold decorations.

Linn, who only wanted some peace and quiet, sighed as she heard them bickering over the fence. But she knew there wasn't much she could do—the rivalry was a tradition almost as old as Easter itself.

On Good Friday, the great candy collection began. All the children dressed up as Easter witches with colorful dresses, scarves, and painted freckles. Linn, a clever ten-year-old with a twinkle in her eye, put on her best Easter witch outfit and headed out with her basket.

She immediately saw the Larsson and Svensson kids darting from door to door, gathering candy as if their lives depended on it.

"We have to win this year!" shouted Axel Larsson, as he and his sister Amanda almost knocked over an elderly man trying to hand them chocolate.

"Forget it, we're faster!" yelled Lisa Svensson, shoving her little brother toward the next house.

Linn chuckled. She found it amusing to watch them run around like headless chickens. But little did she know, things were about to get even crazier.

On the morning of Easter Saturday, Linn was woken by a terrible commotion. The Larssons and Svenssons were out on the street, yelling at each other.

"Who took our candy?" roared Mr. Larsson, holding up an empty basket.

"You're the thieves!" screamed Mrs. Svensson, pointing at her bare Easter tree, which had once been decorated with colorful chocolate eggs.

Linn looked out her window and saw chaos. Somehow, all the Easter candy on the street had vanished overnight. Baskets were empty, Easter trees stripped bare, and everyone was furious.

"This is a mystery!" thought Linn, deciding to get to the bottom of it.

Linn began her investigation by walking around the neighborhood. She noticed something strange near the Svenssons' fence—small pieces of chocolate wrapper leading into the forest.

"How odd," she murmured. She followed the trail and came to a clearing where she saw something unexpected: a large pile of candy wrappers and feathers.

But who had taken the candy? Linn looked around and suddenly heard giggling behind a bush. She crept closer and discovered two small boys—Axel Larsson and Filip Svensson.

"What are you doing here?" Linn asked sternly.

The boys jumped. "Uh... we were just... uh... cleaning up the forest!" said Axel nervously.

"With all those candy wrappers?" Linn raised an eyebrow.

After a few minutes of questioning, the boys confessed. They had teamed up to steal all the candy in an attempt to sabotage each other. But their plan had gone wrong when they couldn't agree on how to divide the loot.

"You two are hopeless!" said Linn, shaking her head. "How are we going to fix this?"

The boys looked ashamed. "Maybe we could give the candy back?" suggested Filip.

"Too late. Everyone's already angry," said Linn.

Then she had an idea. "Why don't we turn this into something fun instead?"

Linn gathered all the children and adults in the village and explained her plan. They would throw a big Easter party in the forest. Everyone would share the remaining candy and decorate the clearing with Easter trees and feathers.

At first, the Larssons and Svenssons grumbled, but when they saw how hard the children had worked to make things right, they agreed to the idea.

On Easter Sunday, the forest was filled with laughter, colors, and the smell of grilled sausages. The Larssons and Svenssons still competed to put up the biggest Easter tree, but this time, they did it with smiles on their faces.

And Linn? She stood in the middle of the party, smiling. It may have started as a great Easter candy war, but in the end, it became an Easter to remember.

Tilda och Den Förhäxade Kycklingen

I en liten by vid en glittrande sjö bodde Tilda, en pigg och nyfiken flicka med långa flätor och en kärlek för djur. Hon hade alltid velat ha en egen kyckling, särskilt vid påsk när hela byn fylldes av färgglada fjädrar, doften av nybakat bröd och ljudet av glada påskkärringar som sprang mellan husen.

En dag, när Tilda följde med sin farmor till marknaden för att handla påskmat, såg hon något märkligt. En liten, dunig kyckling stod ensam i ett hörn av hönsgården och stirrade intensivt på henne.

"Den där kycklingen ser speciell ut," sa Tilda till farmor.

"Den ser lite ensam ut," svarade farmor. "Vill du ta med den hem?"

Tilda nickade ivrigt, och innan hon visste ordet av hade hon en liten kyckling insvept i sin sjal.

Tilda döpte kycklingen till Pip eftersom den pep högt varje gång hon pratade med den. Men det tog inte lång tid innan Tilda märkte att Pip inte var som andra kycklingar.

Första gången hon märkte något var när hon ritade en bild på en påsktårta. Pip tittade nyfiket på teckningen, och plötsligt blev tårtan verklig! Den landade mitt på köksbordet, precis som den såg ut i Tildas ritning.

"Vad i all världen?" utbrast farmor.

Tilda insåg snabbt att Pip hade en förmåga att förvandla saker hon såg till verklighet. Men det var inte alltid till hjälp. När Tilda råkade spilla mjöl på golvet och Pip tittade på det, blev det en gigantisk bulle som rullade ut genom dörren och nerför gatan!

På påskaftons morgon förberedde sig hela byn för det stora påskbordet. Det var en fest där alla tog med sig sina bästa rätter för att dela med varandra. Tilda och farmor hade bakat saffransbröd, lagat sill och gjort chokladägg.

"Se till att Pip inte ställer till med något," sa farmor medan hon packade ner maten.

Tilda lovade att hålla ett öga på sin nya vän, men Pip var nyfiken och ville se allt.

När de kom fram till byns stora festsal var bordet redan dukat med köttbullar, Janssons frestelse, lax och massor av påskgodis. Alla hälsade glatt på Tilda, men när de såg Pip, höjde de ögonbrynen.

"En kyckling på påskbordet? Lite udda, eller hur?" frågade Fru Andersson skeptiskt.

När festen började, smet Pip ur Tildas famn och började vandra runt bland maten. Tilda försökte fånga honom, men han var för snabb.

Det var då katastrofen slog till. Pip stirrade länge på en skål med äggsallad, och i nästa sekund började skålen sväva! Den snurrade runt i luften och kastade salladen över hela salen.

"Vad är det som händer?" ropade Herr Nilsson medan han fick ett ägg på huvudet.

Men det blev bara värre. Pip tittade på chokladtårtan, och tårtan började dansa! Den hoppade från bordet och rullade iväg, med barnen skrattande och jagande efter den.

Tilda var förtvivlad. "Pip, sluta!" ropade hon, men kycklingen tycktes inte kunna kontrollera sina krafter.

Då kom Tilda ihåg något farmor hade sagt: "Påsken handlar om att dela med sig och skapa glädje."

Tilda fick en idé. Hon bad alla i salen att sluta jaga Pip och istället sätta sig runt bordet. Hon tog fram en tom skål och satte den framför kycklingen.

"Pip, kolla här," sa hon och ritade en bild av ett lugnt, glädjefyllt påskbord där alla var samlade.

Pip tittade på bilden, och något märkligt hände. Alla rätter som hade blivit förstörda återvände till bordet, snyggare och godare än förut. Festsalen fylldes av en varm, glädjefull stämning.

Efteråt tittade byborna på Pip med nya ögon.

"Han är verkligen speciell," sa Fru Andersson och log.

Tilda kramade sin lilla kyckling. Hon insåg att även om Pip hade skapat kaos, hade han också hjälpt till att göra påsken oförglömlig.

När kvällen kom och alla gick hem, satt Tilda och Pip vid köksbordet och åt lite kvarvarande påskgodis.

"Du är kanske förhäxad, Pip," sa Tilda, "men du är också den bästa vän jag någonsin haft."

Och Pip, som verkade förstå, pep glatt tillbaka.

Tilda and the Enchanted Chick

In a small village by a shimmering lake lived Tilda, a lively and curious girl with long braids and a love for animals. She had always dreamed of having her own chick, especially during Easter when the village came alive with colorful feathers, the smell of freshly baked bread, and the cheerful chatter of children dressed as witches running between houses.

One day, when Tilda accompanied her grandmother to the market to shop for Easter treats, she saw something peculiar. A small, fluffy chick stood alone in the corner of the chicken pen, staring intently at her.

"That chick looks special," Tilda said to her grandmother.

"It does seem a bit lonely," her grandmother replied. "Do you want to bring it home?"

Tilda eagerly nodded, and before she knew it, she had a little chick wrapped snugly in her scarf.

Tilda named the chick Pip because it chirped loudly every time she talked to it. But it didn't take long for Tilda to realize that Pip was not like other chicks.

The first sign came when she was drawing a picture of an Easter cake. Pip watched her sketch intently, and suddenly, the cake became real! It landed right on the kitchen table, looking exactly like it did in Tilda's drawing.

"What on earth?" her grandmother exclaimed.

Tilda quickly realized that Pip had the ability to turn things it saw into reality. But it wasn't always helpful. When Tilda accidentally spilled flour on the floor and Pip looked at it, it turned into a giant bun that rolled out the door and down the street!

On Easter morning, the entire village was preparing for the grand Easter feast. It was a celebration where everyone brought their best dishes to share. Tilda and her grandmother had baked saffron bread, prepared pickled herring, and made chocolate eggs.

"Make sure Pip doesn't cause any trouble," her grandmother warned as she packed the food.

Tilda promised to keep a close eye on her new friend, but Pip was curious and wanted to see everything.

When they arrived at the village hall, the table was already laden with meatballs, salmon, Jansson's temptation, and heaps of Easter sweets. Everyone greeted Tilda warmly, but when they saw Pip, they raised their eyebrows.

"A chick at the Easter feast? That's a bit odd, isn't it?" Mrs. Andersson asked skeptically.

As the feast began, Pip slipped out of Tilda's arms and wandered among the food. Tilda tried to catch him, but he was too quick.

Then disaster struck. Pip stared at a bowl of egg salad, and in the next moment, the bowl began to float! It spun around the room, flinging salad everywhere.

"What's going on?" Mr. Nilsson shouted as an egg landed on his head.

But it only got worse. Pip gazed at a chocolate cake, and the cake began to dance! It leapt off the table and rolled away, with children laughing and chasing after it.

Tilda was distraught. "Pip, stop!" she cried, but the chick didn't seem able to control its powers.

Then Tilda remembered something her grandmother had said: "Easter is about sharing and bringing joy to others."

An idea struck her. She asked everyone in the hall to stop chasing Pip and instead sit around the table. She took out an empty bowl and placed it in front of the chick.

"Pip, look here," she said, drawing a picture of a calm, joyful Easter feast with everyone gathered together.

Pip looked at the drawing, and something amazing happened. All the ruined dishes returned to the table, looking more beautiful and delicious than before. The hall was filled with a warm, joyous atmosphere.

Afterwards, the villagers looked at Pip with newfound appreciation.

"He really is special," Mrs. Andersson said with a smile.

Tilda hugged her little chick. She realized that although Pip had caused chaos, he had also made Easter unforgettable.

That evening, as everyone went home, Tilda and Pip sat at the kitchen table, sharing some leftover Easter candy.

"You might be enchanted, Pip," Tilda said, "but you're also the best friend I've ever had."

And Pip, who seemed to understand, chirped happily in reply.

Leo och Det Gömda Guldägget

I en liten stad vid kanten av en djup skog bodde Leo och hans yngre syster, Saga. De var kända i staden för sina äventyrslustar och sitt sätt att alltid hitta på något busigt. Men inget kunde förbereda dem för det äventyr som väntade denna påsk.

Det började med ett rykte som spreds på marknaden. "Har ni hört om det gyllene påskägget?" viskade Fru Andersson till sin väninna. "Det sägs vara gömt någonstans i staden, och den som hittar det får en fantastisk belöning."

Leos öron spetsades. "Ett gyllene påskägg?" sa han till Saga när de smög sig närmare. "Det måste vi hitta!"

Leo och Saga började genast planera. De visste att om någon hade ledtrådar till det gömda ägget, så var det farfar, som hade bott i staden i hela sitt liv.

"Farfar, har du hört talas om det gyllene påskägget?" frågade Leo när de satt i farfars mysiga kök.

Farfar log mystiskt. "Det finns en gammal legend," sa han och drog fram en dammig kista från vinden. Han öppnade den och tog fram en gulnad karta.

"Den här kartan leder till det gyllene ägget," sa han. "Men var försiktiga. Det finns många som vill hitta det och kanske inte spelar rättvist."

Leo och Saga tittade på varandra med spända blickar. Äventyret hade börjat!

Kartans första ledtråd ledde dem till den gamla kyrkan i stadens centrum. På kartan stod det:

"Där klockan ringer och ljuset skiner, hittar du vad som blir det fina."

De rusade dit och letade runt klocktornet. Efter en stund hittade Saga en inskription på väggen. "Se mot skogen där blommorna bor," läste hon högt.

"Skogen!" utropade Leo. "Det måste vara den stora ängen i utkanten av stan."

När de kom fram till skogen, var det fullt av vårblommor och färgglada fjädrar som folk hängt upp på träd inför påskfirandet. De började leta, men det fanns inga tydliga ledtrådar.

Plötsligt hörde de ett fnissande bakom en buske. En räv tittade fram med något glänsande i munnen.

"Räven har något!" ropade Saga.

Räven sprang iväg, och syskonen jagade den genom skogen. Till slut stannade den vid en stubbe och släppte ett litet metallföremål: en nyckel.

"Den här måste vara viktig," sa Leo och stoppade nyckeln i fickan.

Kartans nästa ledtråd ledde dem till stadens gamla museum. Där fanns en utställning om påsktraditioner, inklusive påskägg, påskris och berättelser om påskkärringar.

"Se här," sa Saga och pekade på en bild av en gammal kista med ett gyllene ägg målat på locket.

"Det är där nyckeln passar!" insåg Leo.

De följde kartan till museets källare, där de hittade en dörr märkt med en symbol som liknade nyckeln. Med darrande händer satte Leo in nyckeln i låset.

Bakom dörren fanns ett mörkt rum fyllt med gamla föremål. Mitt i rummet stod en glaskupa, och under den låg det – ett skinande gyllene ägg.

"Vi hittade det!" ropade Saga och sprang fram.

Men precis när de skulle ta ägget, hördes en röst bakom dem. "Och vad tror ni att ni gör här?"

Det var Fru Andersson från marknaden! Hon hade följt efter dem hela tiden.

"Ägget tillhör staden," sa Saga bestämt. "Det är inte meningen att någon ska ta det för sig själv."

Fru Andersson muttrade men gav sig till slut.

Leo och Saga tog med det gyllene ägget till stadens torg, där alla samlades för påskfirandet. Borgmästaren höll ett tal och tackade dem för att de hittat stadens skatt.

"Det här ägget är en symbol för gemenskap och tradition," sa han. "Och för att ni hittade det, är ni årets hedersgäster vid påskfesten!"

Leo och Saga log stolt. Även om de hade kunnat behålla ägget för sig själva, visste de att det var viktigare att dela det med alla andra.

När solen gick ner över staden, och folk dansade och skrattade på torget, viskade Leo till Saga: "Det här var den bästa påsken någonsin."

Saga nickade. "Och det bästa äventyret."

Leo and the Hidden Golden Egg

In a small town on the edge of a deep forest lived Leo and his younger sister, Saga. They were known in the town for their adventurous spirits and knack for always stirring up mischief. But nothing could prepare them for the adventure that awaited this Easter.

It all began with a rumor spreading around the market. "Have you heard about the golden Easter egg?" whispered Mrs. Andersson to her friend. "It's said to be hidden somewhere in town, and whoever finds it will receive a fantastic reward."

Leo's ears perked up. "A golden Easter egg?" he said to Saga as they crept closer. "We have to find it!"

Leo and Saga immediately began planning. They knew that if anyone had clues about the hidden egg, it would be their grandfather, who had lived in the town his whole life.

"Grandpa, have you heard of the golden Easter egg?" Leo asked as they sat in Grandpa's cozy kitchen.

Grandpa smiled mysteriously. "There's an old legend," he said, pulling a dusty chest from the attic. He opened it and took out a yellowed map.

"This map leads to the golden egg," he said. "But be careful. There are many who want to find it and might not play fair."

Leo and Saga exchanged excited glances. The adventure had begun!

The first clue on the map led them to the old church in the center of town. The map read:

"Where the bell rings and light shines, you'll find what will lead to the prize."

They rushed there and searched around the bell tower. After a while, Saga found an inscription on the wall. "Look to the forest where flowers grow," she read aloud.

"The forest!" exclaimed Leo. "It must be the big meadow on the edge of town."

When they reached the forest, it was filled with spring flowers and colorful feathers that people had hung on trees for Easter celebrations. They started searching, but there were no obvious clues.

Suddenly, they heard giggling behind a bush. A fox peeked out with something shiny in its mouth.

"The fox has something!" shouted Saga.

The fox dashed away, and the siblings chased it through the forest. Finally, it stopped by a tree stump and dropped a small metal object: a key.

"This must be important," said Leo, slipping the key into his pocket.

The next clue on the map led them to the town's old museum, which had an exhibit on Easter traditions, including Easter eggs, birch twigs, and stories of Easter witches.

"Look here," said Saga, pointing to a picture of an old chest with a golden egg painted on its lid.

"That's where the key fits!" Leo realized.

They followed the map to the museum's basement, where they found a door marked with a symbol that matched the key. With trembling hands, Leo inserted the key into the lock.

Behind the door was a dark room filled with old artifacts. In the center of the room stood a glass case, and under it lay a shining golden egg.

"We found it!" cried Saga, running forward.

But just as they were about to take the egg, a voice spoke behind them. "And what do you think you're doing here?"

It was Mrs. Andersson from the market! She had been following them all along.

"The egg belongs to the town," said Saga firmly. "It's not meant for anyone to keep for themselves."

Mrs. Andersson grumbled but eventually relented.

Leo and Saga brought the golden egg to the town square, where everyone had gathered for the Easter celebration. The mayor gave a speech and thanked them for finding the town's treasure.

"This egg is a symbol of community and tradition," he said. "And because you found it, you are the guests of honor at this year's Easter festival!"

Leo and Saga beamed with pride. Even though they could have kept the egg for themselves, they knew it was more important to share it with everyone.

As the sun set over the town and people danced and laughed in the square, Leo whispered to Saga, "This was the best Easter ever."

Saga nodded. "And the best adventure."

Maja och Påskens Hemlighet

Maja älskade att fira påsk hos sina morföräldrar på deras lilla gård i Småland. Det var en plats full av dofter, ljud och historier. Påsk där var inte som hemma i staden – det var något speciellt, som en resa tillbaka i tiden.

När de rullade upp på gårdsplanen i familjens gamla Volvo vinkade mormor redan från trappan. Hon hade förklädet på sig och ett stort leende i ansiktet. "Välkommen, lilla Maja!" ropade hon.

Morfar kom ut från ladugården, där han hade varit upptagen med att måla en ny fågelholk. "Har du hört talas om vår gamla påsktradition, Maja?" frågade han med ett busigt leende.

Maja skakade på huvudet, nyfiken. "Vilken tradition?"

"Det får du snart veta," svarade morfar hemlighetsfullt.

På långfredagen hjälpte Maja mormor att dekorera gården. De hängde färgglada fjädrar i björkris och målade påskägg med levande färger.

"Vet du, Maja," sa mormor medan hon målade ett blått mönster på ett ägg, "när jag var liten brukade vi spela äggrullning på backen bakom huset. Det var alltid årets höjdpunkt."

"Vad är äggrullning?" frågade Maja.

"Du ska få se," sa mormor och blinkade åt henne.

När kvällen föll, samlades familjen kring köksbordet. Morfar berättade gamla sagor, som han alltid brukade göra. Men den här gången hade han en ny berättelse.

"Det finns en hemlighet i vår familj," började han, och Maja spetsade öronen.

På påskaftons morgon var vädret perfekt. Himlen var klar, och luften doftade av vår. Mormor och morfar hade förberett den gamla backen bakom huset för äggrullning. Barnen i byn hade också blivit inbjudna, och de kom med sina färgglada ägg.

"Reglerna är enkla," förklarade morfar. "Den som rullar sitt ägg längst utan att det spricker vinner."

Maja valde sitt vackrast målade ägg och gick fram till startlinjen. Hon rullade försiktigt sitt ägg nedför backen och såg det studsa fram utan att gå sönder. När det stannade nära botten av backen jublade hon – det var det längsta rullet hittills!

"Bra gjort, Maja!" ropade mormor.

När tävlingen var över kom morfar fram till Maja och lade en hand på hennes axel. "Du har förtjänat att få veta mer om vår familjs hemlighet," sa han och gav henne en liten nyckel.

Morfar ledde Maja till ladan. Där inne, gömd bakom några höbalar, stod en gammal träkista. Maja satte nyckeln i låset och vred om. Kistan öppnades med ett knarr, och där låg en samling av gamla fotografier, brev och en tjock bok med handskrivna anteckningar.

"Det här är vår familjs historia," sa morfar mjukt. "Din mormors farmor började skriva ner allt om våra traditioner och påskfiranden för över hundra år sedan. Varje generation har lagt till något nytt."

Maja bläddrade igenom boken och såg bilder på sina släktingar som hon aldrig hade träffat. Hon hittade också beskrivningar av gamla lekar, recept och berättelser om hur påsken firades förr i tiden.

"Varför har ni inte visat mig det här tidigare?" frågade hon.

"Vi ville att du skulle vara tillräckligt gammal för att förstå hur speciellt det är," svarade mormor.

Resten av helgen tillbringade Maja med att läsa och lära sig om sin familjs historia. Hon fick till och med hjälpa mormor att baka ett traditionellt påskbröd som hennes släktingar bakat i generationer.

När söndagen kom och det var dags att åka hem, kramade Maja sina morföräldrar hårt. "Jag vill fortsätta våra traditioner," sa hon. "Jag vill att fler ska få veta hur vi firar påsken."

Mormor log och gav henne boken. "Det är ditt ansvar nu," sa hon.

På vägen hem tittade Maja på boken i sitt knä och kände en varm glädje. Hon visste att hon bar med sig något speciellt – en hemlighet som inte bara handlade om påsken, utan om familj, kärlek och att hålla traditioner vid liv.

Nästa påsk tog Maja med sig boken till sin skola och delade historierna med sina klasskamrater. De lekte äggrullning på skolgården och bakade påskbröd tillsammans.

Och så spreds Majas familjehemlighet vidare, ett ägg i taget, ett skratt i taget – och ett hjärta i taget.

Maja and the Easter Secret

Maja loved celebrating Easter at her grandparents' small farm in Småland. It was a place full of scents, sounds, and stories. Easter there wasn't like Easter in the city – it was something special, like a journey back in time.

When the family's old Volvo rolled into the driveway, Grandma was already waving from the porch. She wore her apron and had a big smile on her face. "Welcome, little Maja!" she called.

Grandpa stepped out of the barn, where he'd been busy painting a new birdhouse. "Have you heard about our old Easter tradition, Maja?" he asked with a playful grin.

Maja shook her head, curious. "What tradition?"

"You'll find out soon enough," Grandpa said mysteriously.

On Good Friday, Maja helped Grandma decorate the farm. They hung colorful feathers in birch twigs and painted Easter eggs in vibrant colors.

"You know, Maja," Grandma said as she painted a blue pattern on an egg, "when I was little, we used to have egg rolling on the hill behind the house. It was always the highlight of Easter."

"What's egg rolling?" Maja asked.

"You'll see," Grandma said with a wink.

As the evening fell, the family gathered around the kitchen table. Grandpa told old stories, as he always did. But this time, he had a new tale to tell.

"There's a secret in our family," he began, and Maja perked up her ears.

On Easter morning, the weather was perfect. The sky was clear, and the air smelled of spring. Grandma and Grandpa had prepared the old hill behind the house for egg rolling. The children from the village had been invited, and they came with their brightly colored eggs.

"The rules are simple," Grandpa explained. "Whoever rolls their egg the farthest without it breaking wins."

Maja chose her most beautifully painted egg and stepped up to the starting line. She carefully rolled her egg down the hill, watching it bounce without breaking. When it stopped near the bottom, she cheered – it was the farthest roll so far!

"Well done, Maja!" Grandma called out.

When the competition was over, Grandpa came over to Maja and placed a hand on her shoulder. "You've earned the right to know more about our family's secret," he said, handing her a small key.

Grandpa led Maja to the barn. Hidden behind some hay bales stood an old wooden chest. Maja inserted the key into the lock and turned it. The chest opened with a creak, revealing a collection of old photographs, letters, and a thick book filled with handwritten notes.

"This is our family's history," Grandpa said softly. "Your great-great-grandmother started writing down everything about our traditions and Easter celebrations over a hundred years ago. Each generation has added something new."

Maja flipped through the book, seeing pictures of relatives she had never met. She also found descriptions of old games, recipes, and stories about how Easter was celebrated in the past.

"Why haven't you shown me this before?" she asked.

"We wanted you to be old enough to understand how special it is," Grandma replied.

The rest of the weekend, Maja spent reading and learning about her family's history. She even helped Grandma bake a traditional Easter bread that her ancestors had been making for generations.

When Sunday came and it was time to leave, Maja hugged her grandparents tightly. "I want to keep our traditions alive," she said. "I want more people to know how we celebrate Easter."

Grandma smiled and handed her the book. "It's your responsibility now," she said.

On the way home, Maja held the book in her lap, feeling a warm happiness. She knew she carried something special – a secret not just about Easter, but about family, love, and keeping traditions alive.

The next Easter, Maja brought the book to her school and shared the stories with her classmates. They played egg rolling on the schoolyard and baked Easter bread together.

And so, Maja's family secret spread, one egg at a time, one laugh at a time – and one heart at a time.

Den Nyfikna Påskkärringen

Det var skärtorsdag, och hela byn Myrbacka var full av liv. Barn i färgglada sjalar, förkläden och sotmålade kinder sprang runt med sina kaffepannor och korgar, ivriga att samla godis som små påskkärringar.

Elsa, som var nio år, stod framför spegeln och knöt den röda sjalen runt huvudet.

"Axel, skynda dig!" ropade hon till sin sexårige lillebror, som kämpade med att få på sig sin mammas gamla förkläde.

"Jag ser ju inte ut som en riktig kärring," muttrade Axel och drog åt förklädet för hårt.

"Det spelar ingen roll," sa Elsa och rättade till hans sjal. "Vi ska bara ha kul – och samla massor av godis!"

De gick hand i hand genom byn, knackade på dörrar och sa med glada röster:

"Glad påsk!"

Varje gång fick de något gott i sina korgar: choklad, karameller och ibland till och med en slant.

Efter en stund märkte Elsa en liten stuga längst bort på en kulle. Den såg annorlunda ut än de andra husen – med krokiga fönster, ett tak täckt av mossa och en trädgård full av vilda blommor.

"Vi går dit!" föreslog Elsa.

Axel stannade till och skakade på huvudet.

"Nej, det där ser läskigt ut."

"Kom igen, Axel! Det är bara ett hus. Tänk om de har extra gott godis?"

Efter lite övertalning följde Axel med. När de knackade på den sneda dörren hördes ett långsamt knarrande, och en gammal kvinna med en lång, grå fläta och glittrande ögon öppnade.

"Glad påsk, påskkärringar," sa hon med en röst som var både vänlig och mystisk.

Kvinnan bjöd in dem till sin lilla stuga. Väggarna var täckta av hyllor fulla av böcker och små flaskor med konstiga etiketter. På bordet stod en stor tekanna och en skål med hembakade kakor.

"Är ni ute och samlar godis?" frågade hon.

"Ja," svarade Elsa och satte sig försiktigt på en stol. "Vi är påskkärringar."

Kvinnan log. "Vet ni vad påskkärringar brukade göra förr i tiden?"

Axel skakade på huvudet medan han bet av en kaka.

"De reste till Blåkulla på sina kvastar för att träffa andra häxor," sa hon och blinkade åt Elsa.

Elsa spärrade upp ögonen.

"Är du en riktig häxa?" viskade hon.

Kvinnan lutade sig fram och sa tyst:

"Kanske det."

Efter att ha druckit te och hört fler spännande historier om Blåkulla, tackade Elsa och Axel för sig och gick tillbaka mot byn.

"Tror du hon var en riktig häxa?" frågade Axel medan han höll hårt i sin korg.

"Jag vet inte," sa Elsa och log hemlighetsfullt. "Men hon visste mycket om magi."

51

När de kom hem och tömde sina korgar på godis, hittade Elsa en liten papperslapp längst ner. På lappen stod det med snirklig skrift:

"Kom alltid ihåg: Lite nyfikenhet kan leda till magi."

Från den dagen såg Elsa och Axel alltid på påsken som något mer än bara godis och utklädnad – det var en tid för äventyr, nyfikenhet och kanske, bara kanske, lite riktig magi.

The Curious Easter Witch

It was Maundy Thursday, and the entire village of Myrbacka was buzzing with life. Children in colorful scarves, aprons, and soot-painted cheeks ran around with their coffee pots and baskets, eager to collect candy as little Easter witches.

Elsa, who was nine years old, stood in front of the mirror, tying a red scarf around her head.

"Axel, hurry up!" she called to her six-year-old brother, who was struggling to put on their mom's old apron.

"I don't look like a real witch," muttered Axel, tightening the apron too much.

"It doesn't matter," Elsa said, fixing his scarf. "We're just here to have fun – and collect lots of candy!"

They walked hand in hand through the village, knocking on doors and cheerfully saying:

"Happy Easter!"

Every time, they received something sweet for their baskets: chocolates, candies, and sometimes even a coin.

After a while, Elsa noticed a small cottage at the far end of a hill. It looked different from the other houses – with crooked windows, a roof covered in moss, and a garden full of wildflowers.

"Let's go there!" Elsa suggested.

Axel stopped in his tracks, shaking his head.

"No, that looks scary."

"Come on, Axel! It's just a house. What if they have extra-good candy?"

With a bit of persuasion, Axel followed her. When they knocked on the crooked door, a slow creaking sound echoed, and an old woman with a long gray braid and sparkling eyes opened it.

"Happy Easter, little witches," she said in a voice that was both kind and mysterious.

The woman invited them into her tiny cottage. The walls were covered with shelves full of books and small bottles with strange labels. On the table sat a large teapot and a bowl of homemade cookies.

"Are you out collecting candy?" she asked.

"Yes," Elsa replied, carefully sitting on a chair. "We're Easter witches."

The woman smiled. "Do you know what Easter witches used to do in the old days?"

Axel shook his head as he bit into a cookie.

"They traveled to Blåkulla on their brooms to meet other witches," she said, winking at Elsa.

Elsa's eyes widened.

"Are you a real witch?" she whispered.

The woman leaned in close and said softly:

"Maybe I am."

After drinking tea and hearing more exciting stories about Blåkulla, Elsa and Axel thanked her and walked back toward the village.

"Do you think she was a real witch?" Axel asked, clutching his basket tightly.

"I don't know," Elsa said with a mysterious smile. "But she knew a lot about magic."

When they got home and emptied their baskets of candy, Elsa found a small piece of paper at the bottom. On it, written in curly letters, were the words:

"Always remember: A little curiosity can lead to magic."

From that day on, Elsa and Axel always saw Easter as more than just candy and costumes – it was a time for adventure, curiosity, and maybe, just maybe, a bit of real magic.

Jakob och Den Stora Påskmarknaden

Det var en solig påskaftonsmorgon när Jakob och hans morfar satte sig på bussen mot Skansen. Jakob älskade att åka dit, särskilt under påsken när den stora påskmarknaden fyllde hela området med dofter av nybakat bröd, ljudet av fioler och en massa färgglada stånd.

"Kom ihåg nu, Jakob," sa morfar medan han höll upp en tygkasse. "Vi ska köpa den bästa påskosten till vårt påskbord. Den ska vara så perfekt att mormor börjar sjunga av glädje!"

"Är det ens möjligt att hitta en så bra ost?" frågade Jakob och skrattade.

"Vi får väl se!" svarade morfar med ett blinkande leende.

När de kom fram till marknaden var det redan fullt med folk. Det fanns stånd med rökta korvar, marmelader, chokladägg och färgglada fjädrar till påskris. Jakob drog i morfars arm och pekade mot en karusell där barn åkte runt på trähästar.

"Efter vi hittat osten, lovar jag!" sa morfar.

De gick längs marknaden tills de hittade ett stånd som morfar kallade "det bästa ostståndet i hela Sverige." Där låg påskostar i alla möjliga former och storlekar, men morfar pekade på en rund, gyllene ost som låg i mitten.

"Den där," sa han. "Det är den vi ska ha!"

Precis när de betalat för osten och lagt den i kassen, hörde Jakob ett högt *bräk!* bakom sig. Han vände sig om och såg en stor get stå och stirra på honom. Den hade en busig blick i ögonen och en klocka runt halsen.

"Inte tänker du...?" började Jakob, men innan han hann avsluta sin mening dök geten ner med huvudet i kassen och tog osten!

"Min ost!" ropade morfar.

Geten galopperade iväg genom marknaden med osten i munnen. Jakob och morfar sprang efter, men geten var snabb och slingrade sig smidigt mellan människorna och stånden.

"Vi måste stoppa den!" flämtade morfar.

"Jag har en idé," sa Jakob och pekade mot ett stånd som sålde knäckebröd.

De köpte en stor bit och sprang vidare efter geten. Jakob höll knäckebrödet högt och ropade:

"Kom hit, lilla get! Titta vad jag har!"

Geten stannade plötsligt upp och vände sig om. Den nosade i luften och började gå långsamt mot Jakob. När den var tillräckligt nära kastade Jakob knäckebrödet åt sidan, och medan geten glufsade i sig det, tog morfar snabbt tillbaka osten.

"Bra tänkt, Jakob!" sa morfar och klappade honom på axeln.

De återvände till ostståndet för att se om osten hade tagit skada, men försäljaren skrattade bara.

"Det är den bästa påskost ni kan tänka er – även geten verkar hålla med!"

När de kom hem till mormor och lade upp osten på bordet, började hon faktiskt sjunga av glädje.

"Jag visste att ni skulle hitta den bästa!"

Jakob and the Great Easter Market

It was a sunny Easter morning when Jakob and his grandpa boarded the bus to Skansen. Jakob loved going there, especially during Easter when the big Easter market filled the area with the scent of freshly baked bread, the sound of fiddles, and countless colorful stalls.

"Now remember, Jakob," Grandpa said, holding up a cloth bag. "We're going to find the best Easter cheese for our holiday table. It needs to be so perfect that Grandma starts singing with joy!"

"Is it even possible to find a cheese that good?" Jakob laughed.

"We'll see!" Grandpa replied with a twinkle in his eye.

When they arrived at the market, it was already bustling with people. There were stalls selling smoked sausages, marmalades, chocolate eggs, and colorful feathers for Easter decorations. Jakob tugged at Grandpa's arm, pointing toward a carousel where kids rode on wooden horses.

"After we find the cheese, I promise!" Grandpa said.

They wandered through the market until they reached a stall that Grandpa called "the best cheese stall in all of Sweden." There, cheeses of every shape and size were displayed, but Grandpa pointed to a round, golden cheese at the center.

"That one," he said. "That's the one we need!"

Just as they paid for the cheese and placed it in their bag, Jakob heard a loud *baaa!* behind him. He turned around and saw a large goat staring at him. The goat had a mischievous glint in its eye and a bell around its neck.

"You don't think it's going to...?" Jakob started, but before he could finish, the goat dove headfirst into the bag and grabbed the cheese!

"My cheese!" Grandpa shouted.

The goat bolted through the market with the cheese in its mouth. Jakob and Grandpa chased after it, but the goat was quick, weaving smoothly through the crowd and between the stalls.

"We have to stop it!" Grandpa panted.

"I have an idea," Jakob said, pointing to a stall selling crispbread.

They bought a large piece and continued their chase. Jakob held the crispbread high and shouted:

"Come here, little goat! Look what I've got!"

The goat suddenly stopped and turned around. It sniffed the air and started walking slowly toward Jakob. When it got close enough, Jakob tossed the crispbread to the side. While the goat eagerly devoured the treat, Grandpa quickly grabbed the cheese back.

"Quick thinking, Jakob!" Grandpa said, patting him on the shoulder.

They returned to the cheese stall to check if the cheese was damaged, but the vendor only laughed.

"That's the best Easter cheese you can find – even the goat agrees!"

When they got home and placed the cheese on the table, Grandma actually started singing with joy.

"I knew you'd find the best one!"

Emil Räddar Påskdagen

Det var påskmorgon i den lilla, snötäckta byn längst uppe i norra Sverige. Snön låg som ett tjockt täcke över hus och träd, och solen kämpade för att tränga igenom molnen. Emil, en tioårig pojke med stora gröna ögon och rufsigt hår, stod vid fönstret med sin hund Snö, en vit och lurvig vän som alltid var redo för äventyr.

"Tror du att påskharen kommer idag, Snö?" frågade Emil och klappade hunden på huvudet. Snö viftade på svansen, men i hans blick fanns en oro som Emil också kände.

Det hade snöat hela natten, och hela byn verkade insnöad.

Byns traditionella påskfirande skulle börja med att påskharen delade ut ägg fyllda med godis till alla barn. Men klockan var redan tio, och det fanns ingen påskhare i sikte. Emil såg ut över gården och upptäckte spår i snön som ledde mot skogen.

"Kom igen, Snö! Vi måste hitta påskharen!" sa Emil och drog på sig sina varma stövlar och tjocka jacka.

Snö skällde till, redo att hjälpa till.

Spåren i snön var djupa och slingrade sig genom skogen. Emil och Snö följde dem tills de nådde en stor driva där spåren tog slut.

"Hallå?" ropade Emil.

Plötsligt hördes ett svagt ljud – som ett gnäll – från bakom snöhögen. Emil och Snö skottade snabbt bort snön med händer och tassar och upptäckte något fantastiskt: påskharen satt där, skakande av kyla, med en stor korg ägg vid sin sida.

"Åh nej, du måste ha fastnat i stormen!" sa Emil och tog av sig sin halsduk för att svepa den runt haren.

Påskharen tittade tacksamt på Emil och Snö. "Jag försökte komma till byn, men snön var för djup," sa han med en tunn röst.

"Vi hjälper dig!" sa Emil bestämt. "Men vi måste skynda oss – barnen väntar på sina påskägg."

Snö tog försiktigt tag i korgen med ägg med munnen, och Emil hjälpte påskharen upp. Tillsammans började de den mödosamma vandringen tillbaka mot byn.

Vägen tillbaka var lång och svår. Snön föll fortfarande tätt, och det var svårt att se längre än några meter framför sig. Men Emil höll humöret uppe.

"Vi klarar det här, eller hur, Snö?" sa han, och Snö viftade på svansen som om han höll med.

Påskharen såg på Emil med glittrande ögon. "Du är en riktig hjälte, Emil. Utan dig och din hund skulle jag aldrig ha klarat det här."

När de äntligen kom tillbaka till byn blev de mottagna som hjältar. Barnen jublade när de såg påskharen och hans korg full av ägg. Emil hjälpte haren att dela ut äggen, och hela byn firade tillsammans.

Påskharen såg på Emil och sa: "Du har räddat påskdagen, min vän. Jag kommer aldrig att glömma vad du har gjort."

Emil log och kliade Snö bakom örat. "Vi gjorde det tillsammans," sa han.

Och så blev det en påsk att minnas i den lilla snötäckta byn, tack vare en modig pojke, hans trofasta hund och en tacksam påskhare.

Emil Saves Easter

It was Easter morning in the small, snow-covered village nestled in northern Sweden. The snow lay thick over the houses and trees, and the sun struggled to break through the clouds. Emil, a ten-year-old boy with big green eyes and messy hair, stood by the window with his dog Snö, a fluffy white companion always ready for adventure.

"Do you think the Easter Bunny will come today, Snö?" Emil asked, patting the dog on the head. Snö wagged his tail, but there was a hint of worry in his eyes that Emil felt too.

Snow had fallen heavily all night, and the entire village seemed buried.

The village's Easter tradition always began with the Easter Bunny handing out eggs filled with candy to all the children. But it was already ten o'clock, and there was no sign of the Easter Bunny. Emil looked out over the yard and noticed tracks in the snow leading toward the forest.

"Come on, Snö! We have to find the Easter Bunny!" Emil said, pulling on his warm boots and thick jacket.

Snö barked, ready to help.

The tracks in the snow were deep and wound through the forest. Emil and Snö followed them until they reached a large snowdrift where the trail abruptly ended.

"Hello?" Emil called out.

Suddenly, a faint sound—a whimper—came from behind the snowbank. Emil and Snow quickly dug through the snow with their hands and paws and uncovered an incredible sight: the Easter Bunny sat there, shivering with cold, a large basket of eggs at his side.

"Oh no, you must've gotten caught in the storm!" Emil said, taking off his scarf to wrap it around the bunny.

The Easter Bunny looked gratefully at Emil and Snö. "I tried to make it to the village, but the snow was too deep," the bunny said in a faint voice.

"We'll help you!" Emil said firmly. "But we have to hurry—the children are waiting for their Easter eggs."

Snö carefully picked up the basket of eggs in his mouth, and Emil helped the Easter Bunny to his feet. Together, they began the arduous trek back to the village.

The journey back was long and difficult. Snow was still falling heavily, making it hard to see more than a few meters ahead. But Emil stayed optimistic.

"We've got this, right, Snö?" he said, and Snö wagged his tail as if to agree.

The Easter Bunny looked at Emil with sparkling eyes. "You're a true hero, Emil. Without you and your dog, I never would have made it."

When they finally returned to the village, they were greeted as heroes. The children cheered when they saw the Easter Bunny and his basket full of eggs. Emil helped the bunny distribute the eggs, and the whole village celebrated together.

The Easter Bunny turned to Emil and said, "You've saved Easter, my friend. I'll never forget what you've done."

Emil smiled and scratched Snö behind the ears. "We did it together," he said.

And so, it became an Easter to remember in the little snow-covered village, thanks to a brave boy, his loyal dog, and a grateful Easter Bunny.

65

www.ingramcontent.com/pod-product-compliance
Lightning Source LLC
Chambersburg PA
CBHW061401140726

47997CB00003B/1312